Renn- & Krabbelsocken stricken

Der sichere Auftritt fällt kleinen Weltentdeckern gar nicht so leicht. Wenn es mal flott in die Kurve geht, besteht Rutschgefahr auf glatten Böden. Weil Kinderärzte und Orthopäden das Barfußlaufen empfehlen, habe ich nach geeigneten Hausschuhen gesucht. Bald konnten meine Töchter die ersten Rennsocken testen: Das sind fest gestrickte Socken mit flexibler Latexsohle. Und der Erfolg war überwältigend! Nicht nur meine drei Testerinnen waren begeistert, die ersten „Rennies" verschwanden im Kindergarten sogar auf Nimmerwiedersehen.

Die nächste Herausforderung waren die Modellwünsche meiner Mädchen und ihrer Freunde. Pferd, Ente, Drache oder Pirat: Jedes Unikat wurde mit Begeisterung angenommen und gerne getragen.

Hier finden Sie nun eine große Palette an rutschfesten Socken für kleine Fliesenflitzer. Ich wünsche Ihnen viele Freude beim Stricken, eine Menge gemeinsamer Spaß ist Ihnen jedenfalls sicher!

Stephanie van der Linden

Krabbelsocken

→ und hintendrein ganz klitzeklein
die Sonnenkäferkinderlein

GRÖSSE
18/19

MATERIAL
- Nadelspiel Nr. 2,5

MÄDCHEN-SOCKEN
- Schachenmayr Universa in Pink (Fb 36) und Kirsche (Fb 32), je 50 g
- Elastikkordel 2-farbig in Rot/Pink, 80 cm lang
- 2 Kordelstopper in Rot
- Flüssiglatex in Rot, ammoniakfrei (JaLaTex)

JUNGEN-SOCKEN
- Schachenmayr Universa in Lagune (Fb 67) und Jade (Fb 76), je 50 g
- Elastikkordel 2-farbig in Hellblau/Dunkelblau, 80 cm lang
- 2 Kordelstopper in Grün
- Flüssiglatex in Weiß, ammoniakfrei (JaLaTex)

MASCHEN-PROBE
Mit Nd Nr. 2,5 bei glatt rechts 20 M und 30 Rd = 10 cm x 10 cm

Glatt rechts

Hinr rechts, Rückr links bzw. in Runden jede Rd rechts str

Streifenfolge 1

1 R in Pink, 1 R in Kirsche im Wechsel

Streifenfolge 2

1 R in Jade, 1 R in Lagune im Wechsel

Hinweis: Die Angaben für die Mädchensocken stehen vor dem Schrägstrich, die Angaben für die Jungensocken danach.

Socken

32 M in Kirsche/Lagune auf 1 Nd des Nadelspiels anschl, 6 R glatt rechts in der Streifenfolge 1/2 str, 1 R linke M in Kirsche/Lagune (kraus), 1 R links in Kirsche/Lagune, 5 R glatt rechts in der Streifenfolge 1/2 str.
Die Schlingen der Anschlagkante mit einer weiteren Nd auff, den Anschlagrand nach innen umschlagen und jeweils 1 M mit ihrer Anschlagschlinge rechts in Pink/Lagune zusstr. Die M auf 4 Nd verteilen und in Pink/Lagune 7 Rd glatt rechts str. Eine Bumerang-Ferse mit einer M-Verteilung von (5/6/5) arbeiten und nach 9,5 cm die Bandspitze str.

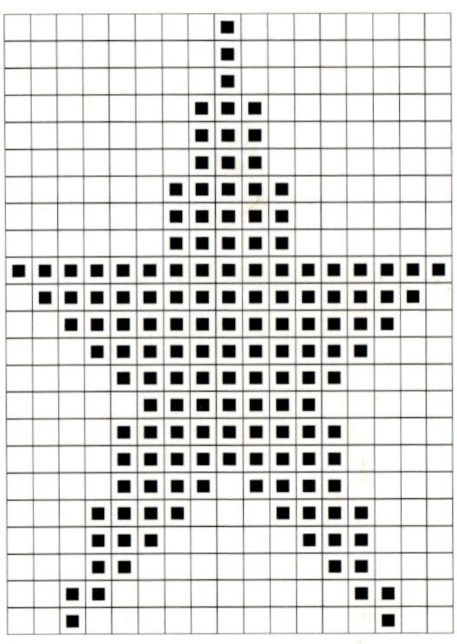

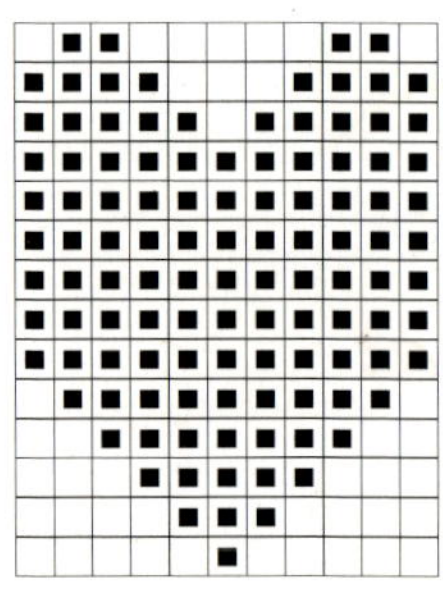

WEITERFÜHRUNG
Krabbelsocken

Fertigstellen

Das Herz in Kirsche/den Stern in Jade mittig auf dem Oberfuß nach Zählmuster im Maschenstich aufsticken, Höhe und Breite vorher gut auszählen. Für jede Krabbelsocke ein 30-40 cm langes Elastikkordelstück abschneiden, jeweils zunächst durch den Tunnel ziehen, so zur Rd verknoten, dass noch etwa 4 cm Schlinge überstehen und diese mit einer Häkelnadel durch je einen Kordelstopper ziehen. So kann die Weite reguliert werden und die Krabbelsocken halten auch bei wilder Fahrt gut am Füßchen. Die Sohlen und die oberen 3 cm der Fußspitze mit 5 Schichten Latex bestreichen.

Tipps: Diese Krabbelsocken für die Allerkleinsten sind aus dickerem Garn extra fest gestrickt, um die Zehen besser zu schützen. Durch die Latexschicht oben auf der Fußspitze gibt es noch mehr Rutschsicherheit.

Noch wirkungsvoller sind zusätzliche Krabbelknie: Einfach eine Ellenbogenbandage einmal längs und einmal quer halbieren und mit der Nähmaschine so zur Runde schließen, dass daraus zwei „Knieschoner" entstehen, die noch gut über Jeans gezogen werden können. Diese Knie mit Latex bestreichen – und ab geht die Post!

Glatt rechts

Hinr rechts, Rückr links bzw. in Runden jede Rd rechts str

Jungensocken

48 M in Marine auf 4 Nd anschl und ein Rollbündchen arbeiten (siehe Allgemeine Erklärungen). Zu Crazy Nordic wechseln und weitere 10 Rd glatt rechts str. Die Bumerang-Ferse mit (8/8/8) M in Marine arbeiten. Fuß und Bandspitze wieder glatt rechts in Crazy Nordic in Rd nach der Grundanleitung str.
Den Namen des Kindes in der gewünschten Größe mit schwarzem Filzstift auf ein Blatt Papier schreiben, auf der Rückseite durchpausen und spiegelverkehrt mit dem Bügelstift auf ein Stück Transparentpapier schreiben. Den Namenszug teilen, auf beide Rennsocken aufbügeln und im Kettenstich nachsticken. Den Leuchtturm auf die Socke aufnähen, die sich auf der gleichen Seite wie die Schreib- und Malhand des Kindes befindet.
Zum Schluss 5 Schichten Latex auf beide Sohlen aufbringen (siehe Allgemeine Erklärungen).

Mädchensocken

48 M in Himbeer auf 4 Nd anschl und ein Rollbündchen arbeiten. Zu Crazy Electra wechseln und weitere 10 Rd glatt rechts str. Die Bumerang-Ferse mit (8/8/8) M in Himbeer arbeiten. Fuß und Bandspitze wieder glatt rechts in Crazy Electra in Rd str. Aus Samtfolie den Namen des Kindes sowie ein Blümchen, 2 Kreise und 2 Herzen ausschneiden und nach Anleitung aufbügeln. Das Bügeleisen dabei nur auf Wolltemperatur einstellen.
Zum Schluss 5 Schichten Latex auf beide Sohlen aufbringen (siehe Allgemeine Erklärungen).

Tipp: Schon Kindergartenkinder können eine rechte von einer linken Socke unterscheiden, wenn man – wie hier – die Position der großen Zehen mit kleinen aufgebügelten Motiven oder die rechte oder linke Socke (entsprechend für Rechts- oder Linkshänder) mit einem Knöpfchen markiert.

Kindergartenstart

→ Hallo! Hallo! Schön, dass Du da bist!

GRÖSSE
Jungen 26/27
Mädchen 24/25

MASCHENPROBE
Mit Nd Nr. 2-2,5 bei glatt rechts 30 M und 42 Rd = 10 cm x 10 cm

MATERIAL
- Nadelspiel Nr. 2-2,5

JUNGENSOCKEN
- Regia Color in Crazy Nordic (Fb 5259), 50 g
- Regia 4-fädig in Marine (Fb 324), 50 g
- Knopf „Leuchtturm Blau"
- Filzstift in Schwarz
- Bügelmusterstift
- Transparentpapier
- Flüssiglatex in Blau, ammoniakfrei (JaLaTex)

MÄDCHENSOCKEN
- Regia Stretch Color in Crazy Electra (Fb 115), 50 g
- Regia 4-fädig in Himbeer (Fb 1258), 50 g
- Samtfolie in Gelb, Weiß und Rot
- Flüssiglatex in Gelb, ammoniakfrei (JaLaTex)

Wenn die Dinosaurier …

→ in die Disco geh'n

GRÖSSE
24/25

MATERIAL
- Regia 4-fädig in Tanne (Fb 327) und Kirsche (Fb 2002), je 50 g
- Nadelspiel Nr. 2-2,5
- farblich passendes Nähgarn
- Nähnadel
- Flüssiglatex in Rot, ammoniakfrei (JaLaTex)

MASCHENPROBE
Mit Nd Nr. 2-2,5 bei glatt rechts 30 M und 42 Rd = 10 cm x 10 cm

Glatt rechts
Hinr rechts, Rückr links bzw. in Runden jede Rd rechts str

Socken

Ein Grundmodell in Tanne für Gr. 24/25 str (siehe Allgemeine Erklärungen).

Rückenstacheln (2x)
48 M in Kirsche auf 1 Nd anschl, 1 R linke M, 1 R rechte M str, wenden und die 1. M als Dm arbeiten. 13 M links str, wenden und aus der 1. M eine Dm arbeiten (siehe Bumerangferse).

Nun in verkürzten R mit Dm von außen nach innen str, bis alle 14 M als Dm auf den Nd liegen. Die folg Dm als 1 M str, wende, erneut 1 Dm str, 1 M links, wenden, 1 Dm str. Die folg R als verkürzte R von innen nach außen arbeiten, also jeweils alle M bis einschließlich der ersten Dm str, noch eine Dm darüber hinaus abstr und eine erneute Dm daraus arbeiten, bis auch die äußeren der 14 M erneut als Dm vorliegen. Die nächsten 14 M links str und aus der letzten M eine Dm arbeiten. Auf gleiche Weise wie bei den ersten 14 M einen Rückenstachel str. Anschließend aus den folg 12 M, dann aus den letzten 8 M je einen Rückenstachel arbeiten. Noch 1 R rechts über alle 48 M str, dann links abk.

Fertigstellen
Beide Längsseiten der Stachelkette nacheinander genau mittig längs auf dem Oberfuß mit passendem Nähgarn aufnähen. Zum Schluss 5 Schichten Latex auf beide Sohlen aufbringen (siehe Allgemeine Erklärungen).

JUMBO GRIP
GERMANY

Ich sitz' in meinem Flugzeug …

→ und schaue übers Land

GRÖSSE
26/27

MATERIAL
- Regia 4-fädig in Hochrot (Fb 2054), 50 g und Limone (Fb 2060), Rest
- Nadelspiel Nr. 2-2,5
- 2 Spielnadeln Nr. 2
- Nähgarn in Rot
- Nähnadel
- waschbare Füllwatte
- Flüssiglatex in Rot, ammoniakfrei (JaLaTex)

MASCHENPROBE
Mit Nd Nr. 2-2,5 bei glatt rechts 30 M und 42 Rd = 10 cm x 10 cm

Glatt rechts

Hinr rechts, Rückr links bzw. in Runden jede Rd rechts str

Streifenfolge

2 R in Limone, 2 R in Hochrot im Wechsel

Socken

Ein Grundmodell in Hochrot für Gr. 26/27 str (siehe Allgemeine Erklärungen).

Nase (2x)

28 M in Hochrot anschl und mit den 2 Spielnd zunächst 1 R linke M, dann weiter in verkürzten R mit Dm von außen nach innen arbeiten. Dazu ab der 2. R die 1. M jeder R als Dm arbeiten, bis sich auf beiden Nd je 10 Dm befinden. Weiter bis zum R-Ende rechts str, wenden und die 1. M der Rückr als Dm arbeiten. Die restlichen M der Rückr links str, wenden und die 1. M der Hinr als Dm arbeiten. In den folg R wieder in verkürzten R mit Dm arbeiten, dabei jedoch schon jeweils 2 M vor Erreichen der Dm der vorherigen R wenden, so dass immer 1 Dm und eine reguläre M stillgelegt werden. Wenn sich auf beiden Nd je 5 Dm und 5 reguläre M befinden, die Hinr noch bis zum R-Ende str, wenden und links abk.

Tragflächen (4x)

20 M in Hochrot anschl und mit den 2 Spielnd zunächst 13 R glatt rechts str, 1 R (Hinr) linke M, dann wieder 13 R glatt rechts str.

Propeller

(4x Kordel, 2x Schraube)
5 M in Limone anschl und und mit den 2 Spielnd eine Kordel über 22 Rd in der Streifenfolge str: Glatt rechts str, nach der letzten M nicht wenden, sondern die M wieder an den Nadelanfang schieben und mit der freien Nd erneut die 1. M str. Den Faden dabei gut anziehen, mit 2 Rd in Limone enden. Für die Propellerschraube 4 M in Feuer anschl und 4 R glatt rechts str. Ohne Abk den Faden trennen und auf eine Stopfnd ziehen. Den Faden mit der Stopfnd rings um das kleine Rechteck durch alle Randmaschen ziehen, fest anziehen und mit einigen Stichen fixieren.

Windschutzscheibe (2x)

5 M in Hochrot anschl und mit den 2 Spielnd eine ca. 8 cm lange Kordel str (siehe Propeller).

Fertigstellen

Die Flugzeugnase mit Füllwatte stopfen und so an die Fußspitze nähen, dass das erhöhte Teil mit der Spitze abschließt. Das Tragflächen-Rechteck an der Bruchkante (linke R) knicken und die beiden kurzen Seiten schließen. Die beiden offenen längeren Seiten der Tragflächen jeweils an die Seiten einer Socke nähen. Für den Propeller jeweils 2 Kordeln über Kreuz legen und mittig festnähen. Je eine Propellerschraube auf ein Propellerkreuz nähen und den vollständigen Propeller jeweils vorne an die Nase nähen. Je eine rote Kordel als Windschutzscheibe auf dem Oberfuß als Bogen aufnähen. Zum Schluss 5 Schichten Latex auf beide Sohlen streichen (siehe Allgemeine Erklärungen).

Geh'n wir heut' auf Löwenjagd?

→ Ja, wir geh'n auf Löwenjagd!

GRÖSSE
30/31

MATERIAL
- Regia 4-fädig in Kamel (Fb 1095), 50 g, in Natur (Fb 1992) und Schwarz (Fb 2066), Reste
- Schachenmayr Brazilia Lungo in Nougat (Fb 210), 50 g und in Orange (Fb 225), Rest
- Nadelspiel Nr. 2-2,5
- 2 Spielnadeln Nr. 2
- Rundstricknadel Nr. 3
- Sticknadel mit Spitze
- farblich passendes Nähgarn
- Nähnadel
- waschbare Füllwatte
- Flüssiglatex in Braun, ammoniakfrei (JaLaTex)

MASCHENPROBE
Mit Nd Nr. 2-2,5 bei glatt rechts 30 M und 42 Rd = 10 cm x 10 cm

Glatt rechts
Hinr rechts, Rückr links bzw. in Runden jede Rd rechts str

Socken

Ein Grundmodell in Kamel für Gr. 30/31 str (siehe Allgemeine Erklärungen).

Maul (2x)
26 M in Natur anschl und mit den 2 Spielnd zunächst 1 R links str. Weiter wie eine Bumerang-Ferse mit 6 Zwischen-R arbeiten: In verkürzten R mit Dm von außen nach innen arbeiten, bis sich auf beiden Nd je 9 Dm befinden (9/8/9). M und Dm bis zum R-Ende rechts str und 5 weitere R glatt rechts arbeiten. 18 M rechts str und aus der 1. M eine Dm arbeiten und wieder in verkürzten R str, diesmal von innen nach außen. Die mittl 8 M weiterhin glatt rechts ohne Dm arbeiten. Anschließend noch 6 R glatt rechts str und abk.

Nase (2x)
18 M in Schwarz anschl und mit den 2 Spielnd zunächst 1 R links str. Weiter wie eine Bumerang-Ferse mit 6 Zwischen-R arbeiten: In verkürzten R mit Dm von außen nach innen bis zu einer M-Verteilung von (6/6/6) arbeiten, 6 Zwischen-R und weiter in verkürzten R von innen nach außen, bis die beiden äußeren M als Dm gearbeitet sind. 6 weitere R glatt rechts str und abk.

Löwenmähne (2x)
60 M in Nougat mit der Rundstricknd anschl und glatt links str: 2 R in Nougat, 1 R in Orange, 6 R in Nougat und abk.

Fertigstellen
Die Anschlagkante und Seiten des Mauls schließen und dann mit Füllwatte stopfen. Mit der Naht zur Socke auf beide Rennsocken stecken und festnähen. Nun die Anschlagkante und Seiten der Nase schließen und die Nase mit Füllwatte stopfen. Die Nase jeweils mit der Spitze nach oben über dem Maul platzieren und an der Socke und dem Maul annähen. Das Maul mit Spannstichen vervollständigen und die Bartstoppeln im Knötchenstich aufsticken.
Mit der Rundstricknd die Strähnen beim Streifen der Mähne auf der linken Seite herauskämmen, mit der linken Seite nach oben quer über den Oberfuß legen, sodass der Streifen in Orange zur Nase zeigt. Rechts und links steht der Streifen gleich weit über. Nun die obere Mitte des Streifens etwa 10 R unter dem Bündchen feststecken. Den Streifen nun auf beiden Seiten zur Fersennaht führen und dort feststecken. Die beiden schmalen Seiten des Streifens an die Schrägen des Mauls stecken und die Mähne ringsum mit farblich passendem Nähgarn annähen. Den 2. Mähnenstreifen in gleicher Weise aufnähen.
Die Augen in Schwarz aufsticken und einen kleinen Glanzpunkt in Natur in jedes Auge sticken.
Zum Schluss 5 Schichten Latex auf beide Sohlen aufbringen (siehe Allgemeine Erklärungen).

Brombeerchen …

→ für Brummbärchen

GRÖSSE
32/33

MATERIAL
- Regia 4-fädig in Petrol (Fb 1237), 50 g, in Farn (Fb 1092) und Tanne (Fb 0327), Reste
- Nadelspiel Nr. 2-2,5
- Häkelnadel Nr. 2,5-3
- Flüssiglatex in Glow Grün, ammoniakfrei (JaLaTex)

MASCHEN-PROBE
Mit Nd Nr. 2-2,5 bei glatt rechts 30 M und 42 Rd = 10 cm x 10 cm

Bündchenmuster
1 M rechts verschränkt,
1 M links im Wechsel str

Sohlenmuster
1. Rd: im Wechsel 1 M rechts str, 1 M abh
2. Rd: rechte M str

Socken
56 M in Tanne auf 4 Nd anschl und 10 Rd im Bündchenmuster str. Zu Petrol wechseln, eine Vorbereitungsrunde (=1 M links, 7 M rechts im Wechsel str) und 36 Rd im Brombeermuster arbeiten. In der folg Rd die M der 1. und 2. Nd noch im Brombeermuster str, noch eine M der 3. Nd auf die 2. Nd holen und über die restl 27 M der 3. und 4. Nd eine Bumerang-Ferse mit einer M-Verteilung (9/9/9) arbeiten. Anschließend in Rd weiterstr, dabei über die M der 1. und 2. Nd im Brombeermuster und über die M der 3. und 4. Nd. im Sohlenmuster bis zu einer Länge von 17 cm str. Dabei das Brombeermuster möglichst mit einer 12. oder 24. Rd abschließen. Anschließend eine Bandspitze nach Grundanleitung str.

ZEICHENERKLÄRUNG
■ = 1 M rechts
– = 1 M links
▲ = mit der Häkelnd aus der linken M 12 Rd unter der nächsten M eine Schlinge ziehen, auf die rechte Nd heben, Faden fest anziehen, Schlinge und M rechts zusstr
U = 1 Umschlag
◣ = 2 M nacheinander wie zum Rechtsstr abheben, dann rechts zusstr
◢ = 2 M rechts zusstr
3 = 3 M rechts zusstr

Blätter
In Tanne aus dem Anschlagrand 56 M auff, wenden und die M nun von innen abstr. 2 Rd rechte M str, dabei in der 1. Rd die ersten beiden M der 1. und 3. Nd rechts zusstr. Anschließend abwechselnd in Tanne ein großes Blatt und in Farn ein kleines Blatt arbeiten und alle Fäden vernähen.

Fertigstellen
Die großen Blätter an ihrer breitesten Seite zum Ring aneinandernähen. Zum Schluss 5 Schichten Latex auf beide Sohlen aufbringen (siehe Allgemeine Erklärungen).

Brombeermuster

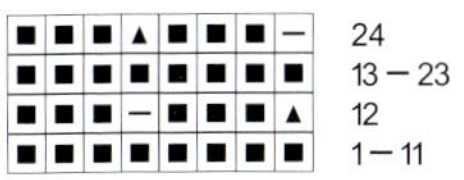

großes Blatt

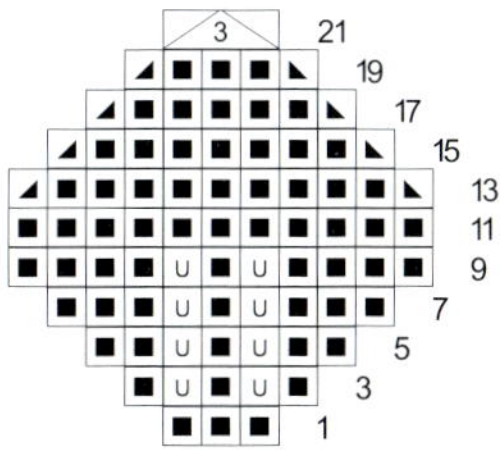

kleines Blatt

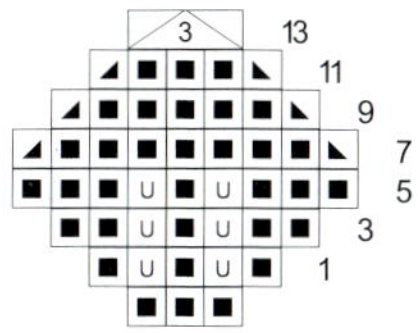

Glitzerblume

→ Lustig wie ein kleines Blumenkind

GRÖSSE
32/33

MATERIAL
- Regia Cotton in Esprit Mouliné (Fb 183), 100 g, in Papaya Meliert (Fb 126), 50 g und in Weiß (Fb 01), Rest
- 2 Nadelspiele Nr. 2-2,5
- Pailletten in Weiß gewölbt, ø 6 mm
- Rocailles in Transparent mit Farbeinzug in Weiß, ø 2,6 mm
- Nähgarn in Weiß
- Nähnadel
- Bügelmusterstift
- Transparentpapier
- Flüssiglatex in Glitter Rot, ammoniakfrei (JaLaTex)

MASCHENPROBE
Mit Nd Nr. 2-2,5 bei glatt rechts 30 M und 42 Rd = 10 cm x 10 cm

Glatt rechts
Hinr rechts, Rückr links bzw. in Runden jede Rd rechts str

Socken

56 M in Papaya auf 4 Nd anschl und für das innere Röllchen 14 Rd glatt rechts str. Auf einem zweiten Nadelspiel 56 M in Esprit Mouliné anschl und 10 Rd glatt rechts str. Beide Röllchen ineinander legen (Papaya innen) und zusstr, dann mit dem Rippenbündchen in Esprit Mouliné nach Grundanleitung fortfahren (siehe Allgemeine Erklärungen).

Fertigstellen
Die Blume 2x mit einem Bügelmusterstift auf Transparentpapier durchpausen und auf die Rennsocken aufbügeln. Das Bügeleisen auf Wolltemperatur einstellen. Mit halbem Faden in Weiß die innere Kontur der Blume im Kettenstich nachsticken. Die äußere Kontur mit ganzem Faden in Papaya Meliert im Kettenstich sticken. Das Innere der Blume mit Pailletten ausfüllen, indem immer zunächst von unten in eine Paillette, dann in eine Rocailleperle und schließlich wieder von oben in die Paillette eingestochen wird. Zwischen 2 Pailletten den Nähfaden einmal mit einem Schlingstich im Stoff befestigen.
Zum Schluss 5 Schichten Latex auf beide Sohlen aufbringen (siehe Allgemeine Erklärungen).

14
13

Ein Elefant...

→ wollt bummeln geh'n, sich die weite Welt beseh'n

GRÖSSE
30/31

MATERIAL

- Regia 4-fädig in Flanell Meliert (Fb 33), 100 g, in Kardinal (Fb 1078), Kirsche (Fb 2002), Jaffa (Fb 1259) und Natur (Fb 1992), Reste
- Anchor Metallic (Fb 300), 50 m
- Stickgarn in Schwarz
- 2 Nadelspiele Nr. 2-2,5
- 2 Spielnadeln Nr. 2
- Sticknadel mit Spitze
- farblich passendes Nähgarn
- Nähnadel
- 2 Alu-Filigran-Perlen in Gold, ø 6 mm
- 4 Rocailles in Rainbow Orange, ø 2,6 mm
- waschbare Füllwatte
- Flüssiglatex in Glitter Rot, ammoniakfrei (JaLaTex)

MASCHEN-PROBE
Mit Nd Nr. 2-2,5 bei glatt rechts 30 M und 42 Rd = 10 cm x 10 cm

Glatt rechts

Hinr rechts, Rückr links bzw. in Runden jede Rd rechts str

Socken

52 M in Kirsche auf 4 Nd anschl und 8 Rd glatt rechts str. Weiter in Kardinal str, dabei jeweils nach 3 M rechts mit der rechten Nd unter dem gesamten Anschlag durchstechen, den Arbeitsfaden holen, die Schlinge auf die linke Nd heben, fest anziehen und die Schlinge mit der nächsten M rechts zusstr. 6 weitere R glatt rechts str.
Auf einem zweiten Nadelspiel 52 M in Flanell Meliert anschl und 10 R glatt rechts str. Den Schmuckrand in den Rollrand legen und die M beider Rd zusstr. Weiter nach dem Grundmodell für Gr. 30/31 in Flanell Meliert arbeiten und die Socken beenden.

Rüssel (2x)

20 M in Flanell Meliert auf 4 Nd anschl und 20 Rd glatt rechts str. In der folg Rd auf jeder Nd die ersten beiden M zusstr. Nach 10 weiteren Rd glatt rechts in gleicher Weise abn. 3 Rd glatt rechts str, wieder abn und noch 1 Rd rechts str. Nun nach jeder M 1 M zun und 3 Rd glatt rechts str. Anschließend immer 2 M rechts zusstr. Auch in der folg Rd immer 2 M rechts zusstr. Den Faden trennen, mit einer Stick- oder Stopfnadel durch die letzten 4 M ziehen und vernähen.

Ohren

(4x rechtes Ohr, 4x linkes Ohr)
Für das rechte Ohr 8 M in Flanell Meliert anschl und mit den 2 Spielnd zunächst 1 R linke M str. Weiter glatt rechts str, dabei nach der 1. M und vor der letzten M jeder R je 1 M zun, bis sich insgesamt 26 M auf der Nd befinden. Noch 10 R glatt rechts ohne Zun arbeiten.

1. R: 2 M links zusstr, linke M bis 2 M vor R-Ende str, 2 M links zusstr
2. R: 2 M rechts zusstr, 2 M rechts zusstr, rechte M bis 4 M vor R-Ende str, 2 M rechts zusstr, 2 M rechts zusstr
3. R: 8 M abk, 2 M links zusstr, 2 M links zusstr, linke M str bis 2 M vor R-Ende, 2 M links zusstr (= 9 M)
4. R: 2 M rechts zusstr, rechte M bis 4 M vor R-Ende str, 2 M rechts zusstr, 2 M rechts zusstr (= 6 M)
5. R: 2 M links zusstr, 2 M links zusstr, 2 M links zusstr (= 3 M)
6. R: 2 M rechts zusstr, mit der letzten M gemeinsam abk

Die linken Ohren gegengleich str.

Stoßzähne (4x)

12 M in Natur auf 4 Nd anschl und 6 Rd glatt rechts str. In der folg Rd die ersten beiden M der 1. und 3. Nd rechts zusstr und eine weitere Rd glatt rechts ohne Abn arbeiten. Die M der 1. und 2. Nd und die M der 3. und 4. Nd je auf einer Nd zusfassen und die letzten beiden Rd so lange wdh, bis sich nur noch 4 M (= 2 M pro Nd) auf den Nd befinden. Den Faden trennen, mit einer Sticknd durch die letzten 4 M ziehen und vernähen.

Kopfschmuck (2x)

15 M in Kirsche anschl und mit den 2 Spielnd zunächst 12 R glatt rechts str und abk. Mit Kardinal aus einer Seitenwand 9 M auff, 13 M aus dem Anschlag und noch einmal 9 M aus der Seitenwand auff. Wenden und alle M rechts zurückstr. Mit Jaffa alle M rechts str, dabei jeweils vor und nach den beiden Eck-M je eine M zun (die ersten Zun also nach der 9. und der 10. M sowie nach der 21. und 22. M). Wenden und rechts zurückstr. Mit Kirsche rechts mit je 2 Zun an den Eck-M str, wenden und rechts zurückstr. Mit Anchor Metallic in Gold rechts mit Zun an den Eck-M str, wenden und rechts zurückstr. Noch einmal mit Kardinal rechts mit Zun str, wenden und rechts abk.

Schmuckrand (2x)

21 M in Kirsche anschl mit den 2 Spielnd 5 R glatt rechts str. Weiter in Kardinal 2 M rechts, *mit der rechten Nd den Arbeitsfaden unter der Arbeit hochholen, die Schlinge auf die linke Nd heben, fest anziehen und die Schlinge mit der folg M rechts zusstr, 3 M rechts. Ab * noch 3x wdh, 2 M rechts str, wenden und abk.

Fertigstellen

Den Rüssel weich mit Füllwatte stopfen und genau in die Mitte des Oberfußes nähen. Den unteren Teil des Rüssels nach etwa 2-3 cm ein wenig einknicken (vgl. Abbildung) und an die Socke nähen. Die Stoßzähne mit Füllwatte stopfen und rechts und links etwas unterhalb des Rüssels annähen. Je ein rechtes und ein linkes Ohrenteil im Matratzenstich aneinander nähen und gegengleich rechts und links des Rüssels an die Rennsocken nähen. Den Kopfschmuck mit farblich passendem Nähgarn vorne mittig unter das Bündchen nähen. In die Mitte des unteren Randes eine kleine Kette aus je 1 Rocaille, 1 Alu-Filigran-Perle und 1 weiteren Rocaille nähen. Den Schmuckrand an die obere Kante des Kopfschmuckes nähen.
Mit schwarzem Stickgarn die Augen, mit Anchor Metallic-Garn kleine Kreuzchen in die roten Felder der Schmuckränder von Bündchen und Kopfschmuck einsticken.
Zum Schluss 5 Schichten Latex auf beide Sohlen aufbringen (siehe Allgemeine Erklärungen).

Glatt rechts

Hinr rechts, Rückr links bzw. in Runden jede Rd rechts str

Socken

Ein Grundmodell in Sittich Meliert für Gr. 22/23 str (siehe Allgemeine Erklärungen).

Fertigstellen

Auf jede Socke je einen Schmetterling und Glitzersteine als „Flugspur" auflegen, mit Transparentpapier abdecken und aufbügeln, dabei das Bügeleisen auf Wolltemperatur einstellen. Zum Schluss 5 Schichten Latex auf beide Sohlen aufbringen (siehe Allgemeine Erklärungen).

GRÖSSE
22/23

MATERIAL
- Regia Cotton in Sittich Meliert (Fb 172), 50 g
- Nadelspiel Nr. 2-2,5
- 2 Applikationen „Butterfly"
- Swarovski-Aufbügelsteine
- Transparentpapier
- Flüssiglatex in Gelb, ammoniakfrei (JaLaTex)

MASCHENPROBE
Mit Nd Nr. 2-2,5
bei glatt rechts
30 M und 42 Rd
= 10 cm x 10 cm

Schmetterling, du kleines Ding

→ such' dir eine Tänzerin

Die Rennmaus ...

→ hat heut' Strümpfe an, damit sie besser flitzen kann

GRÖSSE
28/29

MATERIAL
- Regia 4-fädig in Mosaikblau (Fb 1088), Admiral (Fb 1090) und Farn (Fb 1029), je 50 g und Natur (Fb 1992), Rest
- 2 Nadelspiele Nr. 2-2,5
- 2 Spielnadeln Nr. 2
- Sticknadel mit Spitze
- 2 Paar Glasaugen mit Öse, ø 6 mm
- farblich passendes Nähgarn
- Nähnadel
- waschbare Füllwatte
- Flüssiglatex in Glow Grün, ammoniakfrei (JaLaTex)

MASCHENPROBE
Mit Nd Nr. 2-2,5 bei glatt rechts 30 M und 42 Rd = 10 cm x 10 cm

Glatt rechts
Hinr rechts, Rückr links bzw. in Runden jede Rd rechts str

Bündchenmuster
In Runden 1 M rechts verschränkt, 1 M links im Wechsel str

Streifenfolge
2 Rd in Admiral, 2 Rd in Farn, 2 Rd in Mosaikblau

Socken

48 M in Admiral auf 4 Nd anschl und 14 Rd glatt rechts str. Auf einem zweiten Nadelspiel 48 M in Mosaikblau anschl und 10 Rd glatt rechts str. Beide Röllchen ineinander legen und in der folg Rd je 1 M beider Röllchen mit Mosaikblau rechts zusstr. Weiter in Mosaikblau 10 Rd im Bündchenmuster arbeiten. 12 Rd glatt rechts in der Streifenfolge str. Eine Bumerang-Ferse in Admiral arbeiten, die beiden Zwischen-Rd passen sich genau in die Streifenfolge ein. Fuß und Bandspitze weiter glatt rechts in der Streifenfolge nach Grundanleitung arbeiten, dabei mit 2 Rd in Farn beginnen (siehe Allgemeine Erklärungen).

Gesicht (2x)
26 M in Natur anschl und mit den 2 Spielnd in verkürzten R mit Dm von außen nach innen arbeiten, bis nur noch die beiden mittl M übrig sind. In der letzten R alle M und Dm bis zum R-Ende rechts abstr, wenden, die 1. M als neue Dm arbeiten und bis zum nächsten R-Ende M und Dm links str. Wieder in verkürzten R mit Dm von außen nach innen arbeiten, bis sich auf beiden Nd jeweils 6 Dm befinden. Nun in den folg 3 Hin- und 3 Rückr bereits 1 M vor der Dm wenden und eine neue Dm arbeiten. Noch einmal bis zum R-Enden rechts str, eine weitere R links str und abk.

Ohren (2x)
26 M in Mosaikblau anschl und mit den 2 Spielnd zunächst 10 R glatt rechts str. Dann verkürzte R mit Dm von außen nach innen arbeiten, bis sich auf beiden Nd je 9 Dm befinden. Die letzte Hinr bis zum R-Ende rechts str, wenden, 3 M abk, die R links bis zum R-Ende str, wenden und 3 M abk. Weiter in Admiral 1 R rechts str, wenden, 14 M links, wenden, 1 Dm, 8 M rechts, wenden, 1 Dm, 9 M links, wenden, 1 Dm, 10 M rechts, wenden, 1 Dm (...) bis die beiden äußeren M als Dm vorliegen. Über die 20 M weitere 7 R glatt rechts str und abk.

Schwanz (2x)
5 M in Mosaikblau anschl mit den 2 Spielnd eine Kordel str: Glatt rechts str, nach der letzten M nicht wenden, sondern die M wieder an den Nd-Anfang schieben und mit der freien Nd erneut die 1. M str. Den Faden dabei gut anziehen. Nach einer Länge von 17 cm den Faden trennen und mit einer Stopfnd durch die M ziehen. Mit diesem Faden das Schwänzchen in der hinteren Fersenmitte und zusätzlich zum Schutz vor Stolperunfällen noch an zwei oder drei Stellen fest an der Socke annähen.
Für das Kügelchen 8 M in Farn anschl und 9 R glatt rechts str. Dann abk und den abgetrennten Arbeitsfaden mit einer Stopfnd rings um das Rechteck durch alle Randm ziehen, mit ein we-

nig Füllwatte stopfen und den Faden fest anziehen. Mit wenigen Stichen vernähen und das Kügelchen am Schwanzende annähen.

Fertigstellen

Das Mäusegesicht mit Füllwatte stopfen und auf den Oberfuß nähen. Die Unterkante und Seiten der Ohren schließen. Die beiden unteren Ecken aneinander nähen und die Unterkante zur Ohrmitte hin schließen. Mit farblich passendem Nähgarn nun beide Ohren auf die Socken ans Gesicht nähen und eventuell mit einigen Stichen quer durch die Ohren in Form bringen.
Für die Mäusehaare jeweils ein etwa 80 cm langes Fadenstück in Mosaikblau in eine Sticknd mit Spitze fädeln. Etwa 3 cm vom unteren Fadenende mit der Nd einstechen und den Faden durchziehen, bis die dadurch gebildete Schlaufe genau um Zeige- und Mittelfinger gelegt werden kann. Wieder mit der Nd in das Fadenkreuz einstechen, dabei möglichst alle Fäden durchstechen und erneut eine 2-Fingerschlaufe abmessen. Auf diese Weise fortfahren bis der Faden nur noch etwa 15-20 cm lang ist. Noch einmal alle Fäden in der Mitte miteinander vernähen und das Schlingenbüschel dem Mäuschen zwischen die Ohren nähen. Nun noch mit einer spitzen Schere frisieren, dabei die einzelnen Fäden möglichst ungleichmäßig kürzen.
Die richtige Position für die Augen suchen, aber noch nicht annähen. Das Näschen mit einem ganzen Faden in Admiral, den Mund und die Augenbrauen mit einem halben Faden in Admiral aufsticken. Nun erst die Augen annähen. Beide Fadenenden gut vernähen. Zum Schluss 5 Schichten Latex auf beide Sohlen aufbringen (siehe Allgemeine Erklärungen).

Glatt rechts

Hinr rechts, Rückr links bzw. in Runden jede Rd rechts str

Socken

Ein Grundmodell in Rosa für Gr. 24/25 str (siehe Allgemeine Erklärungen).

Fertigstellen

Je eine Applikation auf die Socken aufbügeln, dabei das Bügeleisen auf Wolltemperatur einstellen und Transparentpapier zwischenlegen. Mit Hilfe einer Sticknd ohne Spitze je ein ca. 50 cm langes Stück Organzaband in der 3. Rd unter dem Bündchen durch die M ziehen, dabei immer 2 M auf einmal erfassen. Mittig eine Schleife nicht zu eng binden!
Mit einer Sticknd mit Spitze kleine Sternchen in Gold auf dem Oberfuß verteilt aufsticken.
Zum Schluss 5 Schichten Latex auf beide Sohlen aufbringen (siehe Allgemeine Erklärungen).

GRÖSSE
24/25

MATERIAL
- Regia Cotton in Rosa (Fb 137), 50 g
- Anchor Metallic (Fb 300), Rest
- 2 Applikationen „Ballerina"
- Organzaband in Rosa, 6 mm breit, 1 m lang
- Nadelspiel Nr. 2-2,5
- Sticknadel ohne Spitze
- Sticknadel mit Spitze
- Transparentpapier
- Flüssiglatex in Rot, ammoniakfrei (JaLaTex)

MASCHENPROBE
Mit Nd Nr. 2-2,5 bei glatt rechts 30 M und 42 Rd = 10 cm x 10 cm

Wenn ich Ballerina wär'...

→ tanzen fiele mir nicht schwer

Ich bin ein wilder Schiffspirat ...

→ und nehm' dich mit auf große Fahrt

GRÖSSE
28/29

MATERIAL
- Regia 4-fädig in Schwarz (Fb 2066), Hellblau (Fb 1945) und Jeans Meliert (Fb 2137), je 50 g, in Hell Kamel Meliert (Fb 17) und Kirsche (Fb 2002), Reste
- Schachenmayr Brazilia in Schwarz (Fb 99), Rest
- Anchor Arista Fine in Gold (Fb 300), Rest
- Nadelspiel Nr. 2-2,5
- Nähgarn in Schwarz
- Nähnadel
- Samtfolie in Weiß
- Transparentpapier
- 2 Ringe in Gold, ø 6 mm
- Flüssiglatex in Schwarz, ammoniakfrei (JaLaTex)

MASCHENPROBE
Mit Nd Nr. 2-2,5 bei glatt rechts 30 M und 42 Rd = 10 cm x 10 cm

Glatt rechts

Hinr rechts, Rückr links bzw. in Runden jede Rd rechts str

Kraus rechts

In Reihen nur rechte M str, in Runden 1 Rd rechte M, 1 Rd linke M im Wechsel str

Rippenbündchen

In Runden im Wechsel 1 M rechts verschränkt, 1 M links str

Streifenfolge

2 Rd Jeans Meliert, 2 Rd Hellblau im Wechsel

Noppe

Aus 1 M 6 neue M herausstr (= *1 M rechts, 1 M rechts verschr, ab * 2x wdh), wenden, 6 M links, wenden, 6 M rechts, wenden, 6 M links und nacheinander die 5., 4., 3., 2. und 1. M jeweils über die 6. M ziehen, wenden, 1 M rechts str.

Socken

52 M in Jeans Meliert auf 4 Nd anschl, 10 Rd glatt rechts für das Röllchen und 10 Rd im Rippenmuster str. Zu Schwarz wechseln und 10 Rd bis zur Ferse und die Bumerang-Ferse str. Weiter in der Streifenfolge 6 cm des Fußes arbeiten, dann wieder zu Schwarz wechseln und die Socken damit fertigstellen. Für die Gürtelschnalle 32 M in Gold anschlagen und in der 1. R abk.

Gesicht (2x)

17 M in Hell Kamel anschl und mit 2 Nd 15 R glatt rechts str, dabei in der 2. R (Hinr) eine Noppe in die mittlere (9.) M arbeiten. Zu Brazilia und dem Nd-Spiel wechseln, 1 R (Hinr) rechts str, aus dem Seitenteil 9 M auff, 17 M aus der Anschlagskante auff, 9 M aus dem Seitenteil auff, wenden. 6 Rd glatt rechts str, dabei in jeder 2. Rd nach der 1. M und vor der letzten M jeder Nadel je 1 M zun. Alle M abk und die Fäden vernähen.

Piratenhut (2x)

Zunächst in Schwarz einen ca. 1 m langen Faden abtrennen und beiseite legen. Dann 36 M in Schwarz anschl und mit 2 Nd 3 R glatt rechts str. In der nächsten R (=Hinr): *3 M rechts str, 1 M zun, ab * 10x wdh und 3 M rechts str. 5 R glatt rechts str. Nächste R (= Hinr): *4 M rechts, 1 M zun, ab * 10x wdh und 3 M rechts str. 6 R glatt rechts str. 1 Rückr mit doppeltem Faden (Arbeitsfaden + zuvor abgetrennter Faden) rechts str, weitere 6 R glatt rechts mit einfachem Arbeitsfaden str. Nächste R (= Hinr): *3 M rechts, 2 M rechts zusstr, ab * 10x wdh und 3 M rechts str. 5 R glatt rechts. Nächste R (= Hinr): *2 M rechts, 2 M rechts zusstr, ab * 10x wdh und 3 M rechts str. Noch 4 R glatt rechts str und abk.

Halstuch (2x)

Für das längere Teil 40 M in Kirsche anschl und mit 2 Nd kraus rechts str. Gleich in der 1. R und in der 3. R jeweils die ersten 10 M abk, in jeder weiteren ungeraden R jeweils die ersten 5 M abk bis alle M abgekettet sind. Für das kürzere Teil 30 M anschlagen und in gleicher Weise arbeiten wie das längere Teil.

Fertigstellen

Die Gürtelschnalle mittig in Form eines Rechtecks auf den vorderen schwarzen Streifen aufnähen und schließen. Mit Schwarz je eine Augenklappe, ein Auge und eine Augenbraue auf das Gesicht sticken und einen Ohrring annähen. Alle offenen Seiten des Piratenhuts schließen. Den Hut mittig auf die Fußspitze nähen, sodass die Oberkante des Hutes mit der Zehenspitze abschließt. In Gold ein Kreuz auf den Hut aufsticken. Das Gesicht auf Socke und Piratenhut nähen. Die beiden Halstuchteile auf der rechten und linken Seite direkt unter das Gesicht annähen und vorne knoten. Das Totenkopfmotiv mit Transparentpapier abpausen, 2x auf weiße Samtfolie durchzeichnen, ausschneiden und mit Transparentpapier 5-10 Sekunden (Einstellung „Baumwolle") auf die hintere Ferse bügeln.
Zum Schluss 5 Schichten Latex auf beide Sohlen aufbringen (siehe Allgemeine Erklärungen).

Prinzessin

→ Dornröschen war ein schönes Kind

GRÖSSE
28/29

MATERIAL

- Regia 4-fädig in Kirsche (Fb 2002) und Himbeer (Fb 1258), je 50 g, in Limone (Fb 2060), Rosa (Fb 1976), Farn (Fb 1092), Reste
- Nadelspiel Nr. 2-2,5
- 2 Spielnadeln Nr. 2
- farblich passendes Nähgarn
- Nähnadel
- Nähgarn in Schwarz
- 2 Gummiknöpfe „Krone" in Orange
- 4 Teddyglasaugen mit Öse in Schwarz, ø 3-4 mm
- waschbare Füllwatte
- Flüssiglatex in Glitter Rot, ammoniakfrei (JaLaTex)

MASCHENPROBE
Mit Nd Nr. 2-2,5 bei glatt rechts 30 M und 42 Rd = 10 cm x 10 cm

Glatt rechts
Hinr rechts, Rückr links bzw. in Runden jede Rd rechts str

Bündchenmuster
1 M rechts, 1 M links im Wechsel str

Lochmuster
In Runden im Wechsel 2 M rechts zusstr, 1 Umschlag

Streifenfolge
1 Rd in Kirsche, 1 Rd in Himbeer

Socken

52 M in Himbeer auf 4 Nd anschl, 9 Rd glatt rechts, 1 Bruchkanten-Rd im Lochmuster, 10 Rd glatt rechts str. Die Anschlagkante nach innen umschlagen. Am Anschlagfaden beginnend mit einer Nd Nr. 2 je 13 Schlingen aus dem Anschlagrand auff und mit den darüber liegenden Maschen rechts zusstr. 14 Rd in der Streifenfolge glatt rechts und eine Bumerang-Ferse in Himbeer mit (9/8/9) M str. Den Fuß weiter in der Streifenfolge str, nach 12 cm ab Fersenmitte zu Limone wechseln, nach 14 cm ab Fersenmitte mit der Bandspitze beginnen und die Socke beenden.

Gesicht (2x)
28 M in Rosa anschl und mit den 2 Spielnd zunächst 1 R linke M str. In der folg R 19 M rechts, wenden, aus der folg M eine Dm arbeiten, 9 M links, wenden, 1 Dm, 11 M rechts, wenden, 1 Dm, 13 M links, wenden, 1 Dm, 15 M rechts, wenden, 1 Dm, 17 M links, wenden. In den folg R verkürzte R mit Dm von innen nach außen str (in jeder R 1 M über die untere Dm hinaus str, wenden und eine neue Dm arbeiten), bis die beiden äußeren M als Dm vorliegen. Noch 10 R glatt rechts str, dann abk.

Frisur
(2x Haarteil, 12x Zöpfe)
Für das Haarteil 29 M in Limone anschl und mit den 2 Spielnd zunächst 1 R im Bündchenmuster str, dann glatt rechts str (mit 1 Rückr beginnen), dabei 5x * in jeder Hinr 2 M rechts zusstr, 12 M rechts, 1 M zun, 1 M rechts, 1 M zun, 12 M rechts, 2 M rechts zusstr*. Dann 10x in Hinr und Rückr die ersten beiden und die letzten beiden M zusstr. Die letzten 9 M abk. Für die Zöpfe jeweils 25 M in Limone anschl und (mit 2 Nd Nr. 2) 4 R glatt rechts str, dann links abk.

Rosen (14x)
14 M in Kirsche anschl und mit den 2 Spielnd zunächst 1 R rechte M str, in der folg R immer 2 M links zusstr. Den Faden trennen, auf eine Stopfnd fädeln, die restl 7 M damit zusziehen und das Röschen schließen.

Fertigstellen
Das Haarteil mit der Ponyseite auf das Gesicht, mit der Kopfseite auf die Sockenspitze nähen, leicht mit Füllwatte stopfen und rundum schließen. Die Strickstücke der Zöpfe rollen sich so ein, dass die linke Seite außen erscheint. Die Fäden vernähen und je 3 Röllchen zu einem Zopf flechten. Das obere Ende des Zopfes mit einem Faden in Limone fixieren und seitlich unter dem Haarteil annähen. Das untere Ende des Zopfes etwa 2 cm vom Rand entfernt fixieren.
Je eine Krone auf das Haarteil nähen und einige Ponyfransen in die Scheitelmitte sticken.
Jeweils 6 Rosen in gleichmäßigen Abständen am oberen Mäusezahnrand annähen. Dafür einen Faden in Farn mit wenigen Stichen an der entsprechenden Stelle fixieren, 3x eine Schlaufe von ø 1 cm und einen Steppstich abwechseln, dann das Röschen mit wenigen Stichen annähen.
Bei jedem Zopf einen Faden in Farn etwa 2 cm vom unteren Rand entfernt fixieren, den Zopf mehrfach umwickeln, jeweils ein Röschen mit 3 Schlingen annähen und die Zopfenden zusätzlich an der Socke fixieren.
Die Augen annähen, das Näschen in Rosa, den Mund in Kirsche, Wimpern und Augenbrauen mit schwarzem Nähgarn aufsticken. Mit rotem Buntstift leichtes Rouge auflegen.
Zum Schluss 5 Schichten Latex auf beide Sohlen aufbringen (siehe Allgemeine Erklärungen).

Wie die Ente Wackelschwanz ...

→ geht es jetzt im Ententanz

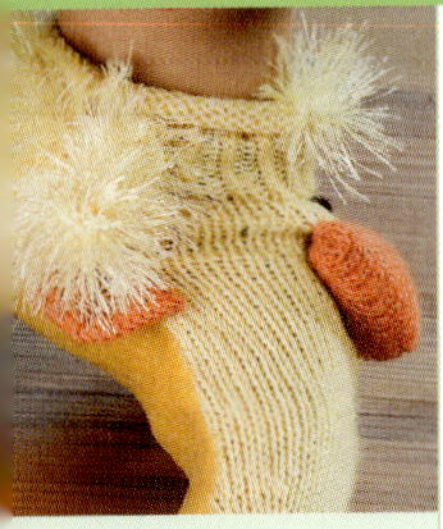

GRÖSSE
24/25

MATERIAL
- Regia 4-fädig in Limone (Fb 2060), 50 g, in Kürbis (Fb 1079) und Schwarz (Fb 2066), Reste
- Schachenmayr Brazilia in Vanille (Fb 23), 50 g
- Nadelspiel Nr. 2-2,5
- 2 Spielnadeln Nr. 2
- Rundstricknadel Nr. 3
- waschbare Füllwatte
- Flüssiglatex in Gelb, ammoniakfrei (JaLaTex)

MASCHENPROBE
Mit Nd Nr. 2-2,5 bei glatt rechts 30 M und 42 Rd = 10 cm x 10 cm

Glatt rechts
Hinr rechts, Rückr links bzw. in Runden jede Rd rechts str

Streifenfolge
2 Rd in Kürbis, 2 Rd in Limone im Wechsel

Socken

Ein Grundmodell in Limone für Gr. 24/25 str (siehe Allgemeine Erklärungen).

Schnabel (2x)
20 M in Kürbis anschl und mit den 2 Spielnd zunächst 5 R glatt rechts str. Weiter in verkürzten R mit Dm von außen nach innen arbeiten, also ab der 2. R jeweils die 1. M einer verkürzten R als Dm str, bis alle M als Dm vorliegen. Alle Dm der letzten Hinr bis zum R-Ende rechts str, wenden 1 R links, wenden 11 M rechts, die folg M als Dm arbeiten, nach dem Wenden auch die nächste M als Dm arbeiten und in verkürzten R mit Dm von innen nach außen weiter str (in jeder R 1 M über die untere Dm hinaus str und eine neue Dm arbeiten). Noch 1 R glatt rechts str und abk.

Haarpony (2x)
5 M in Brazilia auf die Rundstricknd anschl, 3 R glatt rechts str und abk.

Flügel (4x)
9 M in Brazilia auf die Rundstricknd anschl und 3 R glatt rechts str. In der folg Hinr nach der 1. M, vor und nach der mittleren M und vor der letzten M je 1 M zun. Diese Zun noch 6x in jeder 2. R (Hinr) wdh, 1 weitere R linke M str, dann abk.

Beine und Füße (4x)
5 M in Kürbis anschl und mit 2 Spielnd Nr. 2 eine Kordel str: Glatt rechts str, nach der letzten M nicht wenden, sondern die M wieder an den Nd-Anfang schieben und mit der freien Nd erneut die 1. M str. Den Faden dabei gut anziehen. 16 Rd in der Streifenfolge arbeiten. Weiter in offenen Reihen arbeiten: 2 R in Kürbis kraus rechts über die 5 M str, dann 7x in jeder 2. R auf beiden Seiten der mittleren M je 1 M zun und abk.

Fertigstellen
Die Seitennähte des Schnabels schließen und dabei mit Füllwatte stopfen. Den Schnabel mittig unter das Bündchen annähen. Mit der Spitze einer Nd über die M der linken Seite des Ponys streichen und die Fäden herauskämmen. Den Pony in der vorderen Mitte auf das Röllchen über den Schnabel nähen.
Mit der Spitze einer Nd die Fäden der Flügel auf der linken Seite herauskämmen. Beide Flügelteile rechts auf rechts aufeinander legen und beide Seiten einer Spitze ca. 4 cm lang schließen, so dass ein Entenschwänzchen entsteht. Das Schwänzchen so an die hintere Mitte direkt unter das Röllchen nähen, dass die Schwanzspitze nach oben zeigt. Die beiden freien Spitzen etwa 3 cm umschlagen und seitlich des Schnabels festnähen. Je ein Füßchen an den seitlichen Rand und das Beinchen im Bogen auf den Oberfuß nähen. Die Augen in Schwarz mit einem Glanzpunkt in Limone aufsticken und 5 Schichten Latex auf beide Sohlen aufbringen (siehe Allgemeine Erklärungen).

Hopp, hopp, Pferdchen …

→ lauf Galopp

GRÖSSE
30/31

MATERIAL

- Regia 4-fädig in Dunkelbraun (Fb 2903) und Espresso (Fb 1231), je 50 g und in Kirsche (Fb 2002), Rest
- Schachenmayr Brazilia Lungo in Kamel-Schwarz (Fb 212), 100 g
- Nadelspiel Nr. 2-2,5
- Rundstricknadel Nr. 3
- dicke Stopfnadel
- Nähnadel
- farblich passendes Nähgarn
- Samtfolie in Schwarz
- Filzrest in Weiß
- Flüssiglatex in Schwarz, ammoniakfrei (JaLaTex)

MASCHENPROBE
Mit Nd Nr. 2-2,5 bei glatt rechts 30 M und 42 Rd = 10 cm x 10 cm

Glatt rechts

Hinr rechts, Rückr links bzw. in Runden jede Rd rechts str

Kraus rechts

In Reihen nur rechte M str, in Runden 1 Rd rechte M, 1 Rd linke M im Wechsel str

Socken

Ein Grundmodell in Dunkelbraun für Gr. 30/31 str (siehe Allgemeine Erklärungen), dabei nach einer Länge von 13 cm ab Fersenmitte in Espresso weiterarbeiten.

Mähne (2x vorne, 2x hinten)

Für die vordere Mähne 14 M in Brazilia auf die Rundstricknd anschl und 1 R linke M str. In der folg R zunächst nur über die ersten 7 M 7 R glatt rechts str und abk, dann über die restl 7 M 7 R glatt rechts str und abk.
Mit der Spitze einer Nd des Nadelspiels quer über die Maschen der Rückseite streichen und so die Wuschelfäden auf diese Seite kämmen. Für die hintere Mähne 14 M in Brazilia Kamel-Schwarz auf die Rundstricknd anschl, 16 R glatt rechts str und abk.

Ohren (4x)

14 M in Espresso anschl und 14 R kraus rechts str. Weiter kraus rechts arbeiten, dabei die letzten beiden M jeder R rechts zusstr, die letzten beiden M abk.

Zaumzeug (4x längs, 2x quer)

Für die Längsstreifen je 38 M in Kirsche anschl, 4 R kraus rechts str und abk.
Für die Querstreifen 28 M in Kirsche anschl, 4 R kraus rechts str und abk.

Fertigstellen

Den vorderen Mähnenstreifen vorne mittig unter dem Rollbündchen feststecken und annähen. Den Streifen für die hintere Mähne hinten mittig unter dem Rollbündchen annähen. Die Anschlagkante der Ohren längs falten und schließen. Die Ohren rechts und links zwischen die beiden Mähnenstreifen nähen. Den kurzen Zaumzeugstreifen mit seiner langen Seite quer über den Oberfuß an die Farbwechselkante nähen. An beide schmalen Seiten jeweils das Ende eines langen Zaumzeugstreifens nähen. Die Enden der langen Streifen jeweils an den Angelpunkt der Bumerang-Ferse nähen.
Zwei Augenpaare auf schwarze Samtfolie übertragen, ausschneiden und auf weißen Filz aufbügeln. Die Konturen der Augen ausschneiden, die Augen platzieren und annähen. Für die Nüstern das Gestrick des Fußteils etwa 0,5 cm anheben und mit Steppstichen ringförmig absteppen.
Zum Schluss 5 Schichten Latex auf beide Sohlen aufbringen (siehe Allgemeine Erklärungen).

Größentabelle für Rennsocken aus Regia 4-fädig und Regia Cotton

GRÖSSE	22/23	24/25	26/27	28/29	30/31	32/33	34/35	36/37	38/39	40/41
Maschenanschlag/Maschenzahl je Nd	44/11	48/12	48/12	52/13	52/13	56/14	56/14	60/15	60/15	64/16
Maschenzahl für Fersenbreite	22	24	24	26	26	28	28	30	30	32
Maschenzahl Bumerang-Ferse	7/8/7	8/8/8	8/8/8	8/10/8	8/10/8	9/10/9	9/10/9	10/10/10	10/10/10	10/12/10
Fußlänge bis Spitzenbeginn in cm	12	13	14	15	16,5	17	18,5	19.5	20,5	21,5
ABNAHME FÜR BANDSPITZE nach der 1. Abnahmerunde										
in jeder 4. Runde								1 x	1 x	1x
in jeder 3. Runde	1 x	1 x	1 x	2 x	2 x	2 x	2 x	2 x	2 x	2x
in jeder 2. Runde	3 x	3 x	3 x	3 x	3 x	3 x	3 x	3 x	3 x	3 x
in jeder Runde	4 x	5 x	5 x	5 x	5 x	6 x	6 x	6 x	6 x	7 x
Gesamte Fußlänge in cm	15	16,5	17,5	19	20,5	21,5	23	24,5	25,5	27

Größentabelle für Krabbelsocken aus Schachenmayr Universa

GRÖSSE	16/17	18/19	20/21	22/23
Maschenanschlag/Maschenzahl je Nd	28/7	32/8	32/8	36/9
Maschenzahl für Fersenbreite	14	16	16	18
Maschenzahl Bumerang-Ferse	5/4/5	5/6/5	5/6/5	6/6/6
Fußlänge bis Spitzenbeginn in cm	8,5	9,5	10,5	11
ABNAHME FÜR BANDSPITZE nach der 1. Abnahmerunde				
in jeder 3. Runde				1 x
in jeder 2. Runde	2 x	2 x	2 x	2 x
in jeder Runde	2 x	3 x	3 x	3 x
Gesamte Fußlänge in cm	11,0	12,5	14,0	15,0

Hinweis: Renn- und Krabbelsockensocken müssen gut am Fuß sitzen, deshalb dürfen sie nicht zu locker gestrickt werden. Beachten Sie bitte die Maschenprobe und stricken Sie mit einer halben oder einer viertel Nadelstärke weniger als üblich.

IMPRESSUM

FOTOS: frechverlag GmbH, 70499 Stuttgart; Fotostudio Ullrich & Co., Renningen
DRUCK: frechdruck GmbH, 70499 Stuttgart

Auflage: 6. 5. 4. 3. 2.
Jahr: 2012 2011 2010 2009 2008 [Letzte Zahlen maßgebend]

ISBN 978-3-7724-6643-4
Best.-Nr. 6643